AF137417

Quelques Mots de choix

Vianney Roche-Bruyn

Quelques mots de choix

Diverses gâteries poétiques

© 2022, Vianney Roche-Bruyn

Édition : BoD · Books on Demand,
31 avenue Saint-Rémy, 57600 Forbach, bod@bod.fr
Impression : Libri Plureos GmbH,
Friedensallee 273, 22763 Hamburg (Allemagne)
ISBN : 978-2-3223-9798-3
Dépôt légal : mars 2022

Sommaire

Chant I – Histoire d'un gourmet

Harcelé

Souvent, le mot bouscule, et parfois vous détruit.
Comme un poing sur la gueule il vient sur le
visage,
Et marque la victime avec ce fer d'où luit
Le rouge ensanglanté d'une indicible rage.

Gratuits, les coups m'ont fait comme un
tombeau blessé ;
Ils m'enterraient toujours un peu plus… Dans
mon âme,
L'injustice subie avait cadenassé
La grâce que l'on nomme « amour » et tu sa
flamme.

« Pourquoi ? » me suis-je dit, souvent, à la récré,
Quand les mots répandaient leur venin de
misère.
De l'enfant qui voit cet autre massacré –
Ce gamin humilié qu'on dit plus bas que terre –

L'injustice est flagrante et le silence froid.
Pleuvent, pleuvent les mots sur celui qu'on
moleste :
Le fourbe fait bientôt croire qu'il a le droit,
Car celui dont on rit pleure ce qui lui reste.

Écrire

J'écris à m'inspirer ce souffle intérieur,
Ce cri de l'encre noire et d'une plume vaine ;
Je laisse fuir un mot sur mon cahier rieur,
Pour les yeux qui verront tout le pur de ma
peine.

Là-haut, dans l'horizon du tranquille lointain,
Je parle et sanctifie un peu de l'existence,
Les vers sortent du cœur en ce tendre matin.
Le juge littéraire admire sa sentence,

Quand je polis les sons, médite mon phrasé.
Je ne refuse point la douce rêverie,
Même si le critique au visage embrasé
Semble ausculter ma rime avec flagornerie :

Je ne suis pas de ceux que l'injure a détruits.
Préférant découvrir le tendre d'un poème,
J'écris, j'écris encore et n'entends plus les bruits
Qui me dirent sans fin que je fus un blasphème.

Être poète[1]

Je ne sais que décrire alors j'écris ces mots,
Sans raison, c'est possible, et pourtant je soulage
Mon cœur trop plein de verve avec un grand
courage :
Au-delà de mes vers je vois mes airs jeunots,

Je sens cette douleur de mon âme brisée
Par le rire d'autrui dans cette cour, hier.
Oui, peut-être ai-je tort d'éloigner ce vieux fer
D'une rouge blessure à l'ardeur maîtrisée.

Sûrement suis-je bête à produire ces vers,
Ne sont-ils point ces morts qui vivent dans
l'histoire,
Pour qui l'auteur prétend connaître cette gloire
Qu'il perçoit du tombeau d'une nuit de revers,

Et ne voient le succès qu'à son trépas ? La force
Que le poète donne à son puissant crayon –
Cet esprit qui jamais n'aimera le bâillon –
N'a rien de celle-là qui contemple son torse ;

_____

1. « Être poète » a reçu une recension par le prix
Maintenon.
https://www.prix-maintenon.com/poesie/etre-poete-
vianney-roche-bruyn/

Le pouvoir du poète est bien plus que ces airs :
Il préfère puiser dans toute l'écriture
Le fol épanchement d'une fioriture,
Et propose un génie aux éloquents éclairs.

Harmonie(s)

Dans le silence heureux de la tendre nature,
La main du temps recueille un parfum velouté,
Tandis que j'aperçois le généreux flouté
D'un regard délicat devant cette peinture.

Impression de temps d'un silence parfait,
Tableau mélodieux que contemple un artiste ;
Quelque part, je reçois cette touche élitiste
Qui surgit dans l'hiver d'un douloureux effet.

Je peins ce beau poème et j'écris cette toile,
Mais cela ne vaut rien sans le cri du désert,
Le désespoir soudain de l'enfant peu disert
Que l'on frappe de mots sous le pleur d'une
étoile.

Au centre de ma vie, une Croix… Passion
D'un homme tout divin portant chaque
blessure ;
Autour, quelque poème à la plume peu sûre,
Beauté d'un écrivain à l'humble vision.

Mort d'un oublié

La grandeur de ma vie aigrit mon amertume ;
Car jamais je ne vis le brillant du métal,
Je reste ce charmeur au vers sentimental,
Dont la rime devint quelque noble coutume ;

Ma défaite a grandi cet orgueilleux costume.
Du hideux bruit mondain qui surgit du cristal,
Je n'oublierai jamais le silence brutal,
Et reste ce lyrique à l'ouvrage posthume.

La fille poésie use son charme tors :
Comme saisi d'un doute à cause du remords,
Je caresse sans fin telle étoile filante.

Tandis que cette enfant m'offre son à côté,
N'existe que le vœu d'une ombre nonchalante –
Je tombe dans la nuit contemplant sa beauté.

Chant II – Douces entrées

Les cerfs

Ce paysage heureux de la longue bramée,
Le voilà qui s'endort et s'éteint, par pudeur,
Dans un silence heureux qui rappelle l'ardeur
Du mâle et de sa douce à l'offrande clamée.

Comme la danse s'achève et l'heure est
entamée,
Souplement, la femelle apprête sa candeur ;
Vigoureux, le voilà qui transmet sa grandeur,
Par le puissant éclat d'une envie affamée.

Il est là, contemplé, joyeusement pétri,
Bousculant le regard du poète attendri,
Le fugace amoureux du prince de la faune.

Je les vois se donner tel un astre qui luit,
Entends le rien qui vole au-delà de la nuit,
Quand paraît de l'amour la sûreté de l'aune.

Fête d'anniversaire

Souffler sur le gâteau cette bougie en plus,
Signe des ans qui vont et partent de ma vie…
J'y vois comme une joie à la beauté ravie
De me laisser aimer par ces moments élus,

Bénis par ces vivats, cette note amicale,
Ce chant, comme un passage au-delà d'un
muret,
Du plus loin généreux que cet air guilleret
Franchit allégrement d'une âme musicale !

Je saute avec grand joie et, cette année encor,
Courant vers mon destin je veux aller vers
l'Autre,
Ce Dieu, présence en moi qui me fait cet apôtre ;
Je chante pour Sa gloire avec l'éclat du cor !

Je veux bénir Jésus pour ma pauvre existence,
Le louer pour les ans m'approchant de Son
cœur,
Magnifier Son saint Nom qui se fit le vainqueur
De court de cette vue où s'égarait ma danse,

Quand j'allais – trop souvent – dans les crocs
orgueilleux ;

Dieu montrait au regard cet étroit d'un passage :
L'on nomme sainteté ce chemin d'un fou sage,
Tracé des divins pas que je vois sous mes yeux.

Abandon

Cygne du merveilleux qui tombe de la nuit,
J'écoute votre orage et comprend la révolte,
Oiseau blessé d'un chant qui soudain vous
poursuit,
Humilié par celui qui sème une récolte

Et vante sa conquête au regard de ses pairs !
Il ne parle de vous que pour cette souillure
Qu'il s'est permise, là, dans le vide des airs
De sa voix qui soufflait l'amour à l'ombre pure,

Et consommait l'honneur pour mieux le
délaisser !
L'homme n'avait nul droit sur votre âme morte :
La honte qui monte en vous vient à vous
abaisser,
Car de la trahison de la plus noire sorte

Vous comprenez le vrai, l'indicible douleur.
Terrible sentiment d'être pour jamais triste,
Ô colère qui vient dans la brume du cœur !
On vous a dévoré pour un bonheur soliste !

Attente

J'étreins la solitude et rêve le bonheur,
Émerveillé, ravi peut-être, et parfois morne ;
Dans les bras de ma nuit je porte mon honneur
Plus haut qu'un désespoir où mon désir se
borne.

Je suis silencieux d'un sonore distrait,
Aimant dans sa candeur la joie enguirlandée
De la vertu sublime en un cœur bien discret…
Qui serez-vous, très chère, ô épouse accordée ?

Je ne vous connais point car tant m'ont refusé…
À d'autres ai-je donc quelque reproche à faire ?
Aucun. Le grand bonheur attend comme un rusé,
Car il sait, lui, l'honneur qui revient au trouvère,

Ce poète futile aux vers prétentieux.
Un jour, un doux regard de l'instant d'une
oreille,
Qui goûtera ses mots, son cœur et les doux
Cieux.
Prenant sa main tremblante elle dira :
« Merveille ! »

Touchant ses yeux des siens elle osera souffler

Cette douce réponse avec l'ardeur de l'âme.
Le poète amoureux laissera-t-il siffler
Un chant reconnaissant pour sa prudente
flamme ?

Je suis l'impatient, l'éconduit, le cœur fier,
Qui se prend à penser au bonheur, à la vie ;
Je reste là, perdu, pansant encore hier,
Dessinant cette route et pleurant mon envie.

J'aimerais du beau sexe – ô combien
contemplé ! –
Qu'il sût me découvrir comme une vivante,
Mais je crois qu'il regarde avec un air troublé
La noirceur que je vois comme un air
d'épouvante.

Don total

Je ressens sur mon être un souffle des sommets,
La douceur d'une étreinte en ses bras de
tendresse ;
Elle qui m'a compris, tranquille, me caresse,
Ô corps heureux, comblé déjà, don désormais !

J'offre à la noble peau devant moi révélée
Le cadeau généreux d'un amour imparfait ;
Pour elle, je ne vis ni triste de l'effet,
Ni nuit de l'éphémère à la folie zélée.

Pour elle, j'ai la vie, et ce don merveilleux,
Je le fais chaque jour en lui donnant la mienne ;
Ce n'est point l'idéal d'une faible chrétienne,
Mais le joli cadeau qui comblera mes yeux.

Pour cette femme aimante et toute découverte,
J'ai voulu garder purs mon corps et mon esprit,
Plutôt que monnayer le faux dieu qui prescrit
De chérir les plaisirs qui vous mènent à perte.

Pas avant le mariage

Sans compromis, ce don total, fidèle et vrai,
N'est-ce pas celui-là que l'homme veut
connaître ?
Plus que l'émoi des sens, plaisir instantané,
Le sexe est un cadeau qui engage tout l'être.

Je préserve mon corps pour l'offrir en cadeau
À celle qui voudra me faire cette offrande,
Ce don de son amour que tant croit un fardeau :
Le lien du mariage à la beauté si grande !

Sachez, si vous lisez ces vers bien maladroits
Devant l'humble sublime admiré de mon âme,
Sachez toute l'ardeur de ceux qui vivent droits,
La force du combat devant la douce flamme

Du désir amoureux qui submerge la chair.
Je rêve tant d'offrir une douce caresse,
D'unir mon corps à l'autre est un espoir si cher
Que je veux conserver ce trésor de tendresse

Pour honorer la femme à qui je dirai oui.
Je ne céderai point devant le faux du vice,
Car tout ce que je veux, c'est ce don inouï,
Et non ce jeu frivole à l'obscure malice.

Je ne veux pas trahir celui d'où vient l'amour,
Ce Dieu qui m'a sauvé par le don de sa vie ;
Je ne voudrais pas plus briser par un vieux tour
La beauté d'un cadeau parce que « j'ai envie. »

Sacrement du mariage

Je prends à la volée un bouquet chaleureux,
Ivre de cet instant où je sors de l'église
La main dans cette main que je reçus heureux,
Tout à l'heure, embrassant cette douce promise.

Je reçois ces vivats qui me courent au cœur
Et cette femme qui dit le oui de notre vie,
Sans vraiment bien savoir le plan du Dieu
vainqueur
Mais qui crut ferme et fort en Son amour obvie !

Crussé-je en cette croix de Jésus crucifié,
Je ne comprisse rien des paroles écrites ;
Je ne compris pas plus ce dire authentifié
Par prêtres et témoins devant l'autel des rites ;

J'avais dit oui, mais oui, je devais désormais
Le dire chaque jour à cette belle femme.
J'élevai nos deux mains vers les plus hauts
sommets,
Signe d'une alliance où j'engageai mon âme.

Sceau conjugal

Subtil amour qui prend les bras de son amante,
Doux soupirs de l'étreinte en ce soir étonné,
Heureux de voir les ris d'un couple abandonné
À l'ivresse des sens et leur beauté charmante.

Prenant la douce main de son tendre amoureux,
Cette femme couvrit son nu de ses caresses,
L'entraîna lentement dans les folles ivresses
Qu'ils scellèrent enfin sur le lit langoureux

De l'amour conjugal où l'on donne sa vie.
L'ouvrage patient lentement édifié
D'un mariage heureux qu'ils avaient fortifié,
Ils l'achevaient enfin sur la couche ravie,

Unique et doux témoin de leur tendre unité.
Ce soir, la nuit de noce exhala les fragrances
De souvenirs d'avant aux humbles apparences,
Des beaux fruits à venir de cette intimité.

Amoureuse complicité

Rire avec le doux silence à l'ombre des
palmiers,
Échanger deux regards sans plus le moindre
doute,
Toucher la douce main de son cœur qui
m'écoute,
Voir dans les jolis yeux de ses désirs premiers,

Lire en un instant doux les traits de son visage,
Goûter sa tendre bouche et sa douce bonté,
Sentir cette attirance en son bel effronté,
Prendre avec mes deux bras ses atours d'enfant
sage,

Caresser cette peau qui me caresse aussi,
Embrasser plus longtemps cette bouche rosie,
Respirer le parfum de fragrance choisie,
Déboutonner sa robe et son air adouci,

Découvrir la beauté qui déjà s'abandonne,
Baiser sa belle bouche avec plus grande ardeur,
Enlacer son corps à la douce splendeur,
Coucher sur le sol frais les mots de qui se donne.

À l'aube de l'offrande

À Papa et Maman

Par ce doux printanier qui fait fleurir les heures,
Dans l'instant éternel je regarde le soir
Qui me dit : « Là ! Contemple ! » et m'invite à
m'asseoir,
Pour la grâce d'un vœu qui luit dans les
demeures !

Plus de trente ans déjà que nul ne vous sépare,
Maman, que l'amour règne avec son humble
loi ;
Près de trente ans, Papa, que votre âme se pare
Du lin de la tendresse et d'un habit de foi !

Mes mots ne peuvent dire (et je voudrais bien,
certes,
Qu'ils exprimassent tout du vrai de votre
amour !)
Tout ce que je reçus par les portes ouvertes
De vos cœurs alliés tels l'étoile et le jour ;

Non, mes mots n'ont rien dit de votre mariage,
Sauf, peut-être, l'honneur que j'ai d'être le fruit
D'un magnifique amour au si bel alliage,
Où restera gravée une splendeur qui luit.

Chant III – Le principal

Sur l'Horeb

Soudain, il apparut dans le vent du silence,
Unique délicat d'un souffle remarqué,
Une perfection qui se donne et s'élance,
Dans la nuit d'une grotte où, le regard masqué,

Un paria contemple au-delà de sa vue
Celui qui de toujours voulut nous racheter ;
Pour nous rejoindre il vient sur la voie
imprévue,
L'être que l'homme oublie et voudrait rejeter.

Les éléments, pourtant, déchaînaient leur furie,
Une folie immense avait pris l'alentour.
Car l'orage tonna de sa foudre fleurie,
Le feu remplit les airs tel un heureux amour

Et la terre trembla sans cesse, leur empreinte
Ne venait pas de l'Être au-dedans de son cœur.
Tout n'était que factice en regard de l'étreinte
Qui prit l'âme d'Élie avec le Dieu vainqueur.

Manifestation

Dans ce monde étriqué en quête de spectacle,
Dieu s'est manifesté dans la discrétion ;
Je crois qu'il fit ainsi le sublime miracle
De venir sur la fange annoncer à Sion

Le salut pour le peuple et pour la terre entière !
Il régnait de la paille et non par l'or sanglant ;
C'était lui, le poupon à la douceur altière,
Aux pleurs d'enfantelet, d'un regard somnolent,

C'était donc lui, le Roi des rois, tétant sa mère !
De loin, trois grands savants avaient lu dans la
nuit
Le signe qui clamait que venait sur la terre
Le divin Rédempteur : « Cette étoile qui luit

Annonce le Sauveur dont la gloire fut dite
De jadis ! Allons donc adorer l'enfant-Dieu
Qui dort à Bethléem dans l'étable bénite ! »
Ils étaient parvenus dans le plus humble lieu –

Ce palais où dormaient l'enfant, le bœuf et
l'âne –,
Dévoilaient leurs coffrets emplis de grands
trésors,

Quand Jésus les nourrit de la plus grande manne,
D'un sourire divin qui vaut plus que les ors.

Combat quotidien

Sur mon clavier j'écris comme un vieux
déshonneur,
Remettre le passé dans un avenir morne
Ne sert à rien… Aimer, voilà mon seul bonheur,
Donner, tel est le but dont l'existence s'orne

Quand je choisis de vivre avec les mots du cœur,
Plutôt qu'avec les maux de ma décrépitude ;
Je suis anéanti par la croix du vainqueur,
Qui rappelle souvent qu'une vieille habitude

Ne vaut rien devant Dieu qui porta mon péché.
Je suis tout pour cet homme attaché par mes
actes,
Cloué par mon orgueil, par mon mal amoché,
Mort pour trente deniers du sang de mauvais
pactes.

Je voudrais bien l'aimer que je sais le haïr,
Car dans mon cœur troublé par le démoniaque,
Divisé par la peur qui vient me retenir,
Je préfère au silence un tourbe ammoniaque.

Combat spirituel

Scandale de la grâce au goût pur et divin,
La Croix de Jésus Christ je la vois qui révolte,
Face à l'inanité du discours sombre ou vain
Qui donne le pouvoir au Satan. Il récolte

La semence du monde et l'esprit qui se perd,
Ce Démon pourfendeur de la sainte justice,
Il brûle de son feu cet orgueil qui le sert,
Aveugle l'idolâtre et sa tourbe avarice.

Mais ce que l'Homicide exècre d'un air froid,
N'est-ce pas la droiture et la douceur aimante
De cette Vierge mère au cœur simplement droit,
Qui lui brise le crâne et dont la voix tourmente

Le plus fol enragé des damnés de l'Enfer ?
Prier Marie, aimer la Vierge, espérer vivre,
Se laisser transpercer le cœur par ce doux fer
Du très saint Évangile et finir par le suivre,

Rendre à Dieu gloire en tout, l'adorer de tout
cœur,
Voici tout l'armement dont le chrétien fidèle
Use avec grande foi devant l'Accusateur.
Avec cet arsenal, telle une citadelle,

Ton cœur résistera devant le haineux cri
Et la séduction de ce Tentateur traître !
Par un chant de louange il est déjà meurtri,
Avec les sacrements qui te feront renaître,

Le regret des péchés, le corps du Seigneur Dieu,
Il en cesse le siège et t'affronte avec rage !
Ouvertement il vient se mêler, en tout lieu,
De t'attaquer par haine et causer du dommage

À ce que tu chéris pour te faire lâcher,
T'affronter par la peur puisque tu te bagarres,
Ce fourbe Séducteur n'aime pas se fâcher,
Lui qui préfère tant les puissantes amarres

Du vice et du caché qui s'habille de bien,
Poison peinturluré qui brûle et qui tourmente.
Sans être impressionné, reste un noble chrétien,
Démasquant le mensonge alors que l'on te tente,

Louant avec ardeur quand tu prends ces coups
bas,
Préparant sans arrêt ton âme pour la vie ;
Aime le Christ Jésus, le guide de tes pas,
Et gagne ainsi le Ciel, protégé de Marie !

Contemplation

Je me tiens loin des yeux dans la petite église,
Tandis que vient à moi comme un doux scintillé,
Tel un astre au regard lentement habillé
Par le si bel amour d'une sainte prêtrise.

Dans ce moment de paix nul remords n'a de
prise
Sur mon cœur tout heureux d'être tant
dépouillé ;
Face à mon bon Jésus je suis agenouillé
Et sens le calme vent d'une pauvrette brise.

J'eusse pu croire vrai que le vacarme est Dieu
Et qu'il n'est point de beau dans ce très humble
lieu,
Car, si mon cœur adore, un démon irascible

Joue un air tambourin de sa tourbe douleur !
Moi, sans prêter l'oreille à ce triste parleur,
J'écoute ce silence et perçois l'invisible.

Examen de conscience

Écoutez le silence avant qu'il ne s'embrase,
Car il veut prendre vie au fond de votre cœur !
Je vous vois désirer les soupirs d'une phrase
Mais jetez loin de tout cette ignoble liqueur !

Devant vous, l'indicible a parlé de lui-même ;
Tout près de là, quelqu'un expose son présent,
Élève avec respect cette offrande suprême
Pour qui tant désormais garde un air méprisant !

Outrage, sacrilège, ignorance ou blasphème,
Voilà qui vient blesser ce corps livré pour nous !
L'homme pécheur hait tant ce doux Sauveur qui
l'aime
Qu'il lui prend désormais l'honneur de ses
genoux.

Pardon, mon doux Jésus, pour les coups que je
porte
Sur le bois du supplice avec l'esprit ingrat ;
Devant la royauté qui m'ouvre grand la porte
Osé-je encor me voir plus beau qu'un triste rat ?

Ô Jésus, je le sais. Oui, je sais que la vie,
Vous l'offrîtes jadis sur cette horrible Croix,

Et perfide, pourtant, même face à l'obvie
Je m'acharne à douter quand je dis que je crois.

Pardon Seigneur, pardon, je suis un bien pauvre
homme,
De votre amour, indigne, et pourtant désireux :
Je préfère insulter la dignité de Rome
Que d'avoir à ramper pour mon air miséreux ;

Plutôt que mon salut c'est mon corps que
j'admire ;
Le dimanche sacré je juge et je médis ;
Dévorant votre corps sans le moindre sourire
Je rêve d'un repas plus que du paradis.

Jésus, guérissez-moi de mon ingratitude,
De l'offense souvent que je vous fais… Pécheur,
Je ne mérite rien devant mon attitude,
Mais vous m'offrez la vie avec grande douceur.

Miséricorde

Laisse-toi regarder par cet homme qui prit,
Un jour, toute douleur sur cette Croix sanglante ;
Vois donc l'immense amour qu'il insuffle à
l'esprit,
La joie humble et puissante à guérir, purulente,

La blessure du cœur que tu portas en vain,
Croyant que nul pouvoir ne le saurais… Ton
âme
A regardé le noir comme cet aigre vin,
Lui n'a vu de ton cœur que la nouvelle flamme,

Celle qu'il veut grandir dans ton être meurtri :
L'amour… Car le Seigneur voit plus loin que
l'errance,
Il te contemple, toi, qui te croit tout pourri,
Mort avant que la vie ait vaincu ta souffrance.

Mon frère dans le Christ, écoute son appel,
Car Jésus veut pour nous combler ce vide
immense,
Il épanche ta soif par le Sang de l'autel,
Lui qui vint racheter même la moindre offense.

Jusqu'au bout

Dans les flots oubliés d'une vague frivole,
Je m'accroche à la nuit qui m'invite à mourir,
Bientôt, je suis là, seul, oisillon qui s'envole
Face au vent carnassier désirant me flétrir.

Comme à nu devant l'ombre éplorée,
amoureuse,
Je cours dans le silence avec un air brisé,
Et sombre dans le froid d'une âme liquoreuse.
Sans la folle vertu je fusse méprisé,

Sauf un cœur valeureux mon âme déplorable
Ne pusse point redire à ce corps de martyr :
« Courage ! » La fureur d'un regard honorable
Étreint mon être entier comme le sourd d'un tir.

Comme un vieil homme en moi qui part dans le
silence,
Qui court à l'horizon du souvenir blessé,
Mon œil est dévoilé d'un regard qu'on lui lance,
Vole avec la fierté du dernier de Jessé !

Adoration

Devant cet ostensoir indicible et fragile
Je viens me prosterner dans un fidèle amour ;
Je laisse mon silence écouter l'Évangile.

Le Seigneur se révèle à nouveau… De ce jour,
Il me dit comme il m'aime avec les mots du
Père ;
Je pense à l'existence et son tendre contour,

Le temps que je passai dans le sein de ma mère :
Dès avant que je vive il m'avait désiré,
Alors que j'allais naître il croyait dans ce hère,

Ce pauvre gars, parfois perdu, mal éclairé !
Oui, Jésus m'a compris mieux que tous m'ont
connu ;
Ce doux de la parole et l'âme a chaviré :

Merveille que je suis par l'amour d'un Dieu nu,
De l'enfant nouveau-né dans la petite étable,
Qui prend soin de chacun depuis ce bois grenu,
Comme il fit pour les Douze autour de cette
table.

Repos

Dans l'église, ce soir, la nuit semble
oppressante,
Par mon triste péché je me sens faible et dur,
Porter le sombre teint propre à cet être impur
Révèle à tout mon corps sa plainte gémissante.

La demeure de Dieu, humble et resplendissante
Accueille le fardeau de mon esprit peu sûr ;
Laissant m'aimer ce pain exposé près du mur,
Je chois sous le regard de sa force puissante.

Il n'a point de ce vide où je m'étais plongé :
Comblant le tout néant de mon être allongé,
Je le vois lumineux dans le profond de l'âme.

Je ressens sa bonté qui brise le trépas,
Épandu dans mon cœur comme une douce
flamme,
Il coule en un torrent qui ne résiste pas.

Chant en langue

Il s'élève, prudent, un chant mélodieux,
Fulgurante harmonie au cœur de l'assemblée,
Une grandeur de l'âme au désir radieux.
La foi vient tout remplir de sa grâce comblée,

Et devant sa vigueur le silence s'est tu.
Un air que chacun chante et que nul ne
compose ;
Sublime habit de mots dont l'homme revêtu
Pare la Croix d'amour à jamais ; une rose

De mots nus dans la nuit qui proclame le Christ ;
Simplicité de cœur en sa langue inconnue ;
Le pouvoir de divin que nul n'aura décrit…
Le force de l'Esprit souffle sans retenue.

Veille

Dans le silence, là, semé comme une larme,
Je reconnais le cœur d'un tendre sublimé,
Murmure de la nuit d'où frémit le vacarme ;
Il semble presque vain que ce soir, abîmé,

L'homme puisse renaître et l'âme soit grandie.
Pourtant, proche est le temps qui les ouvre au
bonheur.
La flamme surgira de l'humble reverdie,
Et l'ombre du pouvoir, et le faux de l'honneur,

Choient soudain dans la boue où conduit,
maléfique,
L'Ennemi de mon peuple et de l'humanité.
Le feu crépite, un feu tranquille et magnifique.
Il chasse en scintillant l'ombreuse vanité,

Élève l'oraison de l'église priante ;
Recueilli, le fidèle espère et croit… L'amour
Du Seigneur se diffuse en l'âme mendiante ;
Le peuple rassemblé chante le nouveau jour.

Déclaration de foi

Je pense au temps qui passe et je voile mes mots
;
J'évoque le destin de quelque tendre rime ;
Ce matin, je me dis que je touche aux émaux
Qu'une grandeur me donne et que ma plume
imprime.

J'imagine l'époque où je n'étais qu'enfant,
Ce beau petit garçon d'une âme douce et belle ;
Je revois les douceurs de ce rythme étouffant
Que mon adolescence, imprudente et rebelle,

A voulu dominer de son verbe envolé !
Je ne désirais plus qu'écrire, encore écrire,
Je rêvais de scander ce dessin affolé,
Cet ailleurs si lointain, l'étonnant de ce rire ;

Plus que les imiter d'un pâle reproduit,
Je voulais des auteurs connus de par le monde
Dépasser la vigueur qui m'avait tant séduit !
Mon rêve n'était plus de vivre à la seconde,

De courir dans le vent du temps mal maîtrisé ;
Non, mon rêve, c'était cette douce victoire,
Celle que remporta cet Homme méprisé,

Celui dont l'on m'a dit que la plus grande gloire

Fut l'Amour qu'Il offrit pour notre pauvreté !
Des vers, je désire qu'ils soient vrais... Que la rime
N'ait de sens que présente à ce regard jeté !
Face à l'Ombre qui fait du travail une trime,

J'aimerais tellement que l'art soit tout amour,
Offre à Son Créateur comme un chant qui scintille ;
Des mots silencieux qui sont clarté du jour,
Cette grande bonté face à l'âme gentille :

Face au mépris de masse envers le sang des croix,
Je veux unir mon art à la bonté divine !
Devant l'homme sans Dieu mon ouvrage est, je crois,
Scandale formidable à l'intention fine ;

J'entre, comme accusé par mon trésor de foi,
Dans le vain tribunal du terrible athéisme !
Ne comprendra-t-il pas que son semblant de loi
N'est que triste malheur et vaniteux séisme ?

Habité dans son cœur d'un sentiment de peur,

L'homme refuse un peu de paix dans sa
souffrance,
Pour son principe faux d'un cynisme trompeur,
Par son amour des lois de ce pays de France !

Je vis au gré des mots d'un cœur transfiguré,
Préférant tout cela au vain de la richesse ;
Je vais au gré des sens de ce non-mesuré
Qu'est l'Amour de Jésus pour notre petitesse.

Divin !

Je n'oublie aucun jour où ton regard posé
Sur ma faiblesse humaine anime avec tendresse
Mon cœur. Je suis heureux de sentir la caresse
Du vin spirituel joyeusement dosé ;

Oui, je viens découvrir de l'ambre liquoreuse
Cet arôme divin qui réchauffe mon cœur !
Le véritable oubli de toute ma rancœur !
Cet esprit-là n'a point de l'âme vaporeuse

Le ténébreux onguent qui fume la santé !
Je crois, je crois vraiment de la boisson sublime
Qu'elle soutient mon être en une belle estime ;
Je sais que cet alcool ne s'est point absenté

Du banquet de la noce où j'apprête ma vie.
Je touche à mon bonheur devant le nectar d'or ;
Il m'est comme un Messie ou, du moins, ce mentor,
Ce guerrier qui me guide au gré de mon envie !

Parlez argent, pouvoir, honneur ; moi, c'est le vin !
Mais cet alcool étrange à la couleur ambrée,
Il me rappelle encor cette flamme marbrée

Qui s'allume le soir de l'immortel divin !

Mon vin ne fait qu'un tour et la boisson
m'enivre
Du goût de Jésus Christ qui me donne Son Cœur
;
Face au Démon qui geint il est plus que
vainqueur.
Je goûte le bonheur gravé dans ce beau livre,

Cette Bible pourprée au fruit tout délicat !
Je bois les mots de vie au cœur de cet ouvrage,
Ce vignoble de l'âme à jamais m'encourage,
Il n'est pas plus heureux que ce beau reliquat.

Exhortation

La France n'est pas prête et nous devons partir,
Prêts pour la guerre ignoble et le sort du martyr ;

Nous, chrétiens, que l'on met sous le sceau du
silence
En arrêtant la Messe, osons la résistance !

Témoignons pour Jésus dans ce monde qui
meurt,
Osons la paix de Dieu face au massacre, au
heurt,

Au couteau djihadiste ou l'incroyance athée !
Soyons les doux témoins de sa Croix relatée

Par l'Histoire et la Bible ; aimons le Christ
vivant
Plus que la violence ou le couteau sanglant !

À Nice hier sont morts des grains de blé en terre,
La semence du Christ qui n'est pas solitaire,

Mais porte tant de fruit par ce courage droit,
Celui de témoigner face à ce tueur froid

De Celui qui nous aime et nous donna la vie !
Ce monde s'écroule, osons la Croix, donnons
l'envie,

Par ce grand témoignage, insigne du chrétien,
Donnons ce beau désir d'aimer le bon soutien,

Le vrai berger fidèle admirant ses ouailles
Qui reviennent à lui en brisant leurs murailles !

Miséricorde ! Amour ! Espérance ! Bonheur !
Et j'ose même : paix ! Ne faisons pas l'honneur

À l'Ennemi de l'homme et son armée immense
De fuir par l'armement le combat qui
commence !

Incendie

Oubliant son discours lâchement mensonger,
Tout ce monde apeuré regarde ce modèle,
Ce noble bâtiment qui semble une chandelle :
Un édifice craint ce qui vient le ronger.

Sous les yeux des Français cette église en
danger,
Joyau de la culture et de l'homme fidèle ;
Le feu s'est répandu dans cette citadelle,
La colère de Dieu ne peut rien arranger.

La prière du peuple élève Sa louange,
Tandis que choit la flèche et, sur elle,
l'Archange ;
Seuls les regrets, les pleurs, comme un bel
encensoir,

Apaiseront du Christ le courroux redoutable :
Par Sa sainte colère, infinie, intraitable,
Notre-Dame, à Paris, vient de brûler ce soir.

Le signe du Pic Carlit

Face au mépris de ceux qui l'ont déboulonnée
La Croix des Catalans regagne sa splendeur ;
Sous les yeux ébahis de la France étonnée,
Le sommet du Carlit retrouve la candeur

De cette âme ancestrale à l'ombre familière.
Nul ne semble savoir qui remit ce saint bois
Au sommet, mais je sais que la douce lumière
Du Rédempteur rayonne à jamais de sa Croix.

Un signe du Sauveur devant cet acte immonde
Qui s'apprête à voter ce pauvre Parlement ?
La main de Dieu qui montre aux orgueilleux du
monde
L'objet contradicteur à leur emballement ?

Certes, il est bien là le juste et divin signe,
Car le temps est venu de la conversion ;
Devant l'iniquité notre Sauveur s'indigne,
Il appelle à la foi l'âme en perdition.

Radicalisation

L'ardeur du témoignage au cœur missionnaire,
Voilà l'exemple à suivre en ce monde perdu ;
Tandis que le Démon fait gronder le tonnerre
Dans son sournois désir de réclamer son dû,

N'hésitons plus jamais devant l'annonce
heureuse,
Cette grande nouvelle inscrite dans le Ciel !
Face à l'inique épreuve osons donc, l'âme
preuse[2],
Planter la Croix d'où coule une grâce de miel :

Le sang de ces témoins, qui sema l'Évangile,
Le sang, le rouge sang qui enflamma nos cœurs
Répand mieux que les mots le feu de la Vigile !
Ceux qui vivent de Dieu seront plus que
vainqueurs !

Ô Jésus, venez dire avec l'âme brûlante
Tout l'Amour qui vous prend pour ce monde
brisé ;
Que je trouve pour vous la phrase étincelante
Qui déclare la vie à ce pécheur grisé.

---

2. J'ai choisi volontairement d'accorder l'adjectif preux,
normalement masculin.

Désirant m'humilier devant ta Sainte Face
Pour ma faute odieuse et mon superbe esprit,
Je veux taire en mon âme un sentiment vivace :
Ne pouvoir dignement parler de cet écrit

Qui restitue à l'homme une immense victoire ;
Je veux aimer la Bible et défendre ta Croix,
Par les mots de la paix, cette arme méritoire :
Je désire pouvoir face au mépris des rois

Donner l'Amour divin qui prit sur lui ma faute.
Quel grand honneur pour moi ce serait de
souffrir
Pour avoir prononcé le Nom saint ! que l'on
m'ôte
Même ce don que Dieu par Amour sut m'offrir !

La vie… Espérant donc que ni balle ni lame
Ne me retirera le Saint Nom de Jésus,
Je veux vivre avec Lui tandis que l'on réclame
La mort pour les chrétiens et pour l'Église en
sus !

Onction

Car le silence égare et la querelle honore,
Tombant dans la nuit des cris de l'univers,
D'un absurde sans fond qui pleure et vous
dévore,
Ne pouvant croire aimer vous dédîtes mes vers.

Si l'amertume est là qui me prend à partie,
Je ne suis qu'un pauvre homme épuisé de
souffrir ;
Je vous hais, sachez-le, de mon âme investie
De l'abjecte beauté qui ne saura périr.

Oui, ma vengeance vient, et froide, elle vous
brise ;
Je détruirai ma nuit par cet abscons qui sourd
De votre vanité sans la moindre traîtrise ;
Sans avoir le mot lâche ou le style trop lourd,

Je briserai le vôtre avec mes poésies !
Fourbe insensé qui meurt déjà tout gémissant,
Je vomis le tourbe sang de sombres hérésies,
Qui prétendent donner la gloire au moins
puissant.

Vous avez vos poings fiers à frapper ma figure ;

J'ai pourtant sur mon cœur des mots plus
redoutés
Que les fusils, l'épée où l'autre se mesure,
Car je sais, moi, je sais que ces vers ajoutés

Au rythme de la plume ont la force haineuse
De démolir l'humain qui veut me quereller.
Et pourtant, de ma poigne à la verve houleuse
Je sens faiblir le trait qui vient se rebeller :

Les mots n'ont plus de sens dans ma tête
encombrée,
Mes vers piteux, faiblards, ne valent pas mon
cœur.
Je veux tout démolir de mon âme enragée
Mais je ne parviens pas à me dire vainqueur

Sur cette coterie ignoble et mortifère.
Je me dis, même mort, que mes regards rageurs
Ne vaudront pas vraiment la flûte d'un trouvère ;
Je sais que dans l'esprit les mots noirs et
vengeurs

Détruisent la vertu du simple d'une phrase ;
Qu'injures et coups bas servent à moins que
Dieu.
Je suis là, dans l'église, alors que de ce vase

L'huile de l'Esprit saint s'écoule sur ce lieu,

Abreuvant chaque plaie en toute pauvre histoire.
Je déchire les mots de l'injuste malheur,
Préfère contempler l'instant… J'aimerais croire,
Me dire que Jésus veut soulager mon cœur,

Que le Christ me fera cette belle justice.
Je voudrais tout comprendre et je ne comprends
rien.
Ce que je sais, peut-être, et que je vois factice,
C'est la Tentation de ne pas faire bien.

L'évêque m'oint de l'huile et je pense à mon
âme.
« Reçois le Saint-Esprit, le don de Dieu ! » Je
crois,
Peut-être sans comprendre encore que la flamme
Vient brûler tout mon cœur pour grandir l'Un en
trois !

Je prie avec ma tête et je cherche un Messie.
Voyant que le feu mort de mon plus noirs désir
Perd la sombre vigueur d'une pierre endurcie,
Je commence à prier pour ne jamais gésir ;

Le soir, je parle à Dieu de mon âme blessée.

Je n'ai pas tout compris du fort beau sacrement
Que j'ai reçu profond pour ma vie écrasée,
Je ne saurai cela qu'en aimant tendrement

Le Sauveur qui s'unit sur la Croix de ma vie
À ma faute et mes pleurs qui vont devant
l'autel ;
Je ne l'ai pas compris plus que mon âme ravie
Refuse son pardon au rire d'un mortel.

Saint Sacrifice

Le tonnerre qui gronde, écoutez-le, chrétiens !
Il annonce les jours de persécution ;
Telle une âme damnée exhortant ses soutiens,
La puissance d'en bas crie : exécution !

Le dimanche sacré qui répugne aux puissants,
Ce jour de mon Seigneur réclamé dans les
larmes,
Je le vois renversé par les cris rugissants
De la haine barbare et ses terribles armes !

Peut-être, et je l'espère, ai-je tort… Rien de bon
Ne peut venir si Dieu n'est pas servi en Maître ;
La violence humaine exhale son charbon,
Le fer de l'Ennemi qui brûle de paraître !

Aux yeux de commerçants aux sombres
entrepôts,
Le dimanche sacré devient le sacrilège
Qu'il faut abattre enfin avec les vieux dépôts
Que Rome a proclamés trésor ou privilège,

Car les marchands de fric n'en ont pas terminé
De se gaver des sous de la masse défaite,
Ce monde mort et soumis qu'ils auront dominé.

Le divin de ce jour que le bon chrétien fête,

L'honorant de son corps qui veut rencontrer
Christ,
Voilà qu'on veut l'éteindre avec la foi de l'âme !
Mais nul n'enlèvera jamais de mon esprit
L'ardent désir de Dieu brûlant plus qu'une
flamme !

Mettez-nous en prison, battez-nous, tuez-nous ;
Vous êtes des perdants qui courent à leur perte :
Vous chassez Dieu, puissants, mais tombant à
genoux,
Nous le gardons présent dans l'église déserte !

Chant IV – Malbouffe

Boisson

Démon nocturne et rouge on sait vous engloutir
À vous prendre déjà d'une main sèche et ferme !
Ce tapageur du soir n'aura pas d'autre terme
Que le ventre infernal qui se laisse abrutir,

Et tourmente un *ego* prétendant le nantir !
Quand l'ignoble suppôt vous caresse le derme
D'un souffle irrespirable où l'ombre vous
enferme,
Surnageant dans les flots de vin pour abrutir,

Laissez là le flacon et prenez le whiskey,
Puisque je le fais, moi, comme n'importe qui…
Je meurs à bien remplir cette vie exaltée !

Sortir de là, jamais ! j'agis comme je peux
Et me noie à l'envi l'âme creuse… auscultée
Par un fiel alcoolique en son trait sirupeux !

Gloutonnerie

Dans l'auguste silence un jour encanaillé,
Un esprit revenu de sa folle misère ;
Sur le papier de l'encre un air dépenaillé,
Le poids d'un sentiment qui clame le rosaire

De l'homme impénitent priant son Adversaire ;
L'homme sans volonté se laissera punir.
Je ne sais que penser de ce jour formidable
Où l'ombre a retenu ce qu'elle peut ternir ;

Il n'est pas de folie à l'air plus redoutable
Que le silence sourd du patois détestable,
Point de malheur aux flots plus durs et
tourmentés
Que le vocal sournois d'une flamme indicible !

L'homme court à l'Enfer pour les tons argentés
D'un exécrable honneur au ventre irrésistible :
Gourmet insatiable il se croit perfectible
Car il se pense bon, juste, joyeux, vivant ;

Il va replet, serein, mais court droit vers sa perte.
Il ne pense pas même au quidam le suivant
Qui réclame un regard, non une feuille verte.

L'homme se croit plus grand que la Croix découverte.

La foi des incroyants

Un ombrage s'étend sur la plaine endormie,
Tandis que l'aventure éveille comme un chant ;
Je trouve magistral ce qui part en marchant,
Et cherche aux alentours l'humble et joyeuse
amie.

Prestance de jadis qui s'élève dehors,
La douceur de l'amour trouve aujourd'hui son
être
Sur la Croix de Jésus ne cessant de renaître,
Tel un arbre, du sang versé, non pas des ors.

Je ne sais que penser de l'âme famélique
Qui prétend de nos jours renverser la blancheur,
Cet athéisme ingrat qui quête son pécheur,
Pensant tout démolir de l'homme catholique.

Cette prétention demeure dans le soir,
Jouant un feu follet qui s'agite sans cesse,
Croyant chasser l'ombreux que nous nommons
la Messe,
Rêvant même parfois de casser l'encensoir ;

Tuer le Christ, brûler l'église, être féroce ;
Devant le bon fidèle avoir l'aplomb du fort.

Leur volonté déchaîne une valeur de mort,
Mieux frapper d'un bâton que de tenir la crosse.

La haine se déverse en des flots déchaînés,
Dans ce monde que Dieu regarde avec tristesse ;
Son amoureux regard reconnaît sa faiblesse,
Quand on le toise avec l'horreur des aliénés.

Avertissement

Incapable de tant dont le désir amer
Abuse la pensée et détruit l'âme en peine,
Dites-moi le trop-plein qui brûle dans la mer
Du feu triste et puissant qui coule de la haine ;

Venez dire ici-bas ce discours rejeté :
Que vous ne vivez plus, mourant dans la
géhenne,
D'avoir vécu comme eux par votre lâcheté
Vous êtes enferré dans une longue chaîne !

« Idiot que je fus me voilà dans la nuit
Ne pouvant plus parler que pour le fou
mensonge,
Griffé par cette main d'un démon qui me nuit
Il faut que je tourmente et mène au feu qui
ronge !

Rugissant de colère envers mon Créateur,
Unique nécessaire à jamais loin, je brûle,
Mais je ne cède rien car je suis un menteur,
Inique et violent je mets sous ma férule

Mes ennemis humains qui veulent pour leurs
yeux

Une richesse immonde ou un peu d'une gloire !
Sans âme à posséder je redoute les Cieux,
Ne voulant de mon cœur que la facette noire ;

Obligé de Satan je gémis de douleur
Crie à l'envi mon feu de haine virulente,
Troublé par le soleil infini du Seigneur
Et mort pour le haïr, je vais, j'erre, je tente. »

Grande violence internée

J'entends avec effroi quelque folle crier ;
De mon cœur démoli je comprends son malheur,
Ce trop-plein de misère a compris sa valeur,
Et hurle dans la nuit ce qu'il n'a pu prier.

Le monde l'a maudit de son regard brutal -
Guidé par une norme impitoyable, il tue ;
Sans vergogne il massacre un cadavre abattu,
Un vivant déjà mort qui suinte l'hôpital.

Car tu ne pourras voir ce meurtre dans la nuit
Ni même imaginer qu'il soit meurtre. Mensonge
D'un siècle perturbé par un mal qui le ronge :
Ce pilulier mortel qui libère le bruit.

Hier, ces charlatans ne faisaient point scandale,
Enfermaient leur victime avec psychiatrie ;
Homosexuel, dément, sortaient autant meurtris,
Car ces maisons de mort cachaient leur honteux
mal.

Mais désormais le jour révèle son forfait,
Il chante un refrain traître au grand Hippocrate.
À comprendre le gène, humanité ingrate,
Tu condamnes à mort le faible et le mal fait.

Euthanazisme

Je chante à l'unisson le temps d'un ailleurs
triste,
À l'enfant de l'amour que le crime a fauché ;
Plus qu'un scandale noir un odieux juriste,
Qui devant son courage osa n'être touché.

Le silence des grands méprisa ce bel être,
Qui désormais repose en les mains de son Dieu ;
Car un juge préfère au réel le paraître
Alfie Evans est mort cette nuit ! Un adieu

Déchire le matin d'une morte Angleterre,
Celui de ses parents qui ont tant espéré !
Leurs pleurs, leurs cris, leur foi me sont comme
un mystère,
Face au sombre refus de ce délibéré.

Il s'éteint comme un vœu mais reste la mémoire
De ces fiers parents qui refusaient l'horreur :
Que l'hôpital devînt comme un four crématoire,
Où fût exterminé qui porte quelque erreur.

Épître à un franc-maçon

Le sang de nos sillons a pourri sur la plaine.
Il boit l'ignoble prix de notre liberté,
Engloutit les tourments dont notre terre est
pleine
En répandant partout ce qu'il a colporté :

Haine, sanglots, misère, cadavres, immondices,
Combats, divisions, ténèbres et Terreur.
Que de sang délesté sur les noirs interstices
Du coupable creuset d'une terrible horreur.

La révolte qui gronde en ce jour, la colère,
Voilà qui fait trembler le silence affecté
De sainte République à jamais qui tolère ;
Le peuple qu'elle hait d'un regard humecté

Par le fiel, c'est bien lui qui parle dans la rue
Avec la verve au cœur et des cris enragés.
Comme sourd ce tumulte en sa haine incongrue,
Le lointain de pays pour jamais ravagés

Par la noire gangrène et le drapeau sauvage
De l'ombreux califat du Levant, le voilà
Désormais corrupteur à semer le ravage ;
Quand le peuple se tait ce criminel *Horla*,

Cette menace ignoble et prise à la légère,
L'ombreuse République abhorre la nommer !
Quand s'amasse le peuple en un climat de
guerre,
De ce nouveau virus elle va le sommer

De rester en silence et de subir, las, triste,
Le *ramdam* virulent d'un barbare haineux !
Quand vient à protester l'hier panégyriste
En ce présent peiné de vivre gangréneux,

La République impose une loi mortifère
Du nom de celle-là qui en est l'opposé !
Oui, quand comprendrez-vous qu'à vouloir vous
forfaire
Dans la haine d'un Dieu qui vous a disposé

À l'amour qu'aujourd'hui vous ne voulez plus,
fourbe
Politique sans but autre qu'être choisi –
Franc-maçon méprisant de votre secte tourbe
Qui ricanez du Roi qui vous aura saisi –,

Quand le comprendrez-vous, que de notre
humble France,

L'ennemi, c'est cela, non pas l'homme
chrétien ?
Mais peut-être le cœur de votre haine rance
Préfère l'idéal d'un ton robespierrien,

Au Sauveur, à l'Amour, à Jésus, à la Vie,
À la Croix du Salut contre qui, impuissant,
Le compas innommable en ce torrent d'envie
N'a rien fait si ce n'est détester, mugissant,

Tout ce qui surgit d'elle en un mouvement
leste :
Le signe universel de l'Amour infini !
À servir cet Enfer en rêvant d'une geste,
D'une épopée antique ou de ce globe uni

À caresser Satan que vous adorez, l'âme
Noire de votre haine envers la Chrétienté,
Vous brûlerez bientôt du brasier, de ces
flammes,
Sauf à vous convertir à cette humanité

Qui rayonne du Christ, Dieu de Miséricorde !
Ces mots durs d'un poète au pinceau lumineux,
Ces vers tout querelleurs qui ne sont qu'un
exorde,
Une invite à trouver ce bonheur épineux,

À baiser Sa Couronne et non la Mort, paroles
Qui vous parlent à l'âme et vous disent l'amour,
Vont-elles apaiser les feux, les fumerolles,
Le roussi de colère, en un cœur, en ce jour ?

Vous le voyez, pourtant, mes mots sont sans
ambages,
Mais je crois que l'appel de Jésus peut toucher
Le cœur de celui-là qui ne rêvait qu'outrages,
Pour l'Église et la France il revient vous
chercher,

Le Seigneur veut vous prendre en la maison
céleste !
Votre cœur peut changer, oui, mais n'attendez
pas,
Car la mort vous menace autant que tout le
reste !
Préférez à l'Enfer le glorieux repas,

Choisissez le Sauveur qui vous attend, le Juge ;
Craignez donc son courroux si votre cœur noirci
Par l'orgueil monstrueux repousse son refuge :
Il ne voudra sauver un caillou endurci !

Égarement

Plongé dans cet amer l'âme se laisse prendre
Juste un peu de sa chair et beaucoup de son
cœur,
Elle oublie un avant, après vient la rancœur ;
Qu'elle songe à sa vie elle voudrait la pendre !

Quand je vais dans ma nuit quêter l'ombreux
effroi,
Mon cœur est pris des vieilles ignorances,
Je réfléchis, je cherche, et je les trouve rances,
Ces relents de mon cœur qui tourne en désarroi !

Je cherche un quelque part et je trouve le vide,
Je vais dans le quelconque égaré de ma nuit,
Pour tenir dans ma main ce bonheur qui me nuit
Je cours vers l'horizon de mon aspect livide.

Offrir, aimer, donner, je n'entends point ces
mots :
Il faut bien commencer par ce que je refuse,
Ce don de soi tout simple où le bonheur infuse,
La grâce lumineuse éloignant tous les maux.

Ah ! que n'ai-je point de joie à préférer la vie
À mes morts de ce jour dont le poids me défait ?

Que veuillé-je le trouble ignoble et sans effet
Du désir outrageux que je gave d'envie ?

Foi de frère

Avoir le goût du monde et de cette superbe
Qui vous conduit sans fin sur les canaux
d'ennui,
Comme un fol ombragé d'une exécrable gerbe,
Sentir un beau malheur duquel le vain a lui

N'est-ce donc point la fin, la limite mortelle,
Qui vous prennent à vif sans rien laisser
pourrir ?
Quand pleuvent les printemps du vol de
l'hirondelle
Je ne vois plus le fourbe et je me vois mourir.

Si jamais le silence est tu dans le sonore
D'une splendeur débile et de l'air insoumis,
Entendrez-vous gronder le feu qui me dévore,
La passion insensée aux à-peu-près admis ?

Je suis là, je comprends, j'admets les turpitudes
D'une flamme imbécile à qui le mal est fait,
Mais j'avance sournois dans la nuit des études
Où le secret logé reprend son vieil effet ;

J'honore un vieux gredin plutôt qu'un
Architecte.

Planchant sur le destin de cette humanité
Je ne découvre rien que ma candeur abjecte ;
Je lui préfère argent, science, impunité.

Tandis que je désire avancer la planète,
Progresser le soleil et tenir le pouvoir,
Je planifie un peu du trait d'une comète,
Maçonnerie infame au doux vitriol noir.

Corrompu par les ors d'un désir maniaque
De connaître les yeux qui comblent un regard,
Je fais du monde un jeu d'aspect démoniaque,
Qui découvre la nuit d'un enviable égard.

Je ne renonce à rien sauf, peut-être, à la vie ;
Reculant devant Dieu j'avance mes pions,
Je chante le refrain de la gloire et l'envie
Que s'allument enfin les troublants lampions,

Ceux-là même que Dieu du nom de bons fidèles.
Je me terre pourtant dans mon fougueux péché
À me croire au-delà des flammes éternelles ;
Ce troupeau que je hais de mon cœur desséché.

Le pont des sans-Dieu

Sur le pont de Mostar la haine exacerbée,
La violence inouïe ou s'enferme le fort,
Ces non-dits, ces horreurs, ces guerres et la
mort,
Cet ignoble jadis d'une terre embourbée ;

S'ils savaient, s'ils savaient, qu'au-delà des
vallons
Qui dominent leur ville et leur colère noire,
S'ils voyaient de leur cœur et non de leur
mémoire,
Le serpent de leur cœur mourrait sous les talons

De celle qui porta le Dieu plein de tendresse !
Sur le pont de Mostar le sang va, furieux,
Dans les bras éplorés de son manteau soyeux ;
Marie appelle à mieux qu'une âme vengeresse,

Qui dit faire le bien mais susurre le mal.
La Gospa lentement reconstruit l'édifice
Avec les mains du cœur qui veut sans artifice,
Que l'Amour soit aimé du prêtre au cardinal.

Mostar, ville maudite à l'âme enténébrée,
Ville des passions, des meurtres et des cris,

Seul Dieu vous bâtira plus haut que les débris
De bâtiments amers d'une folie ombrée !

Te non laudano[3]

Le silence effondré d'habitudes impies
Rouge du sang des mains de ses serfs africains,
Oublierait-il déjà que les désirs faquins
Fuient ce temps volé par leurs âmes de pies ?

Aujourd'hui, le virus ravage nos greniers ;
Demain, c'est comme hier, clame l'économiste –
Vol, pillage, conflit, massacre… –.
Opportuniste,
L'argent clame : biens, fric, espèces et deniers,

Tout ce qui tinte et tombe au fond du
portefeuille !
La richesse des gens tiendrait de la vertu ;
La finance des uns ruisselle l'air têtu
D'une avarice folle à la verdâtre feuille !

Ces satisfaits du ventre ont élu leur seigneur,
Le dollar, nouveau roi d'un monde sans Messie,
Disant de ses billets quelle œuvre est réussie :
Celle de l'harpagon ronflant comme un sonneur

Sur le lit rouge sang de qui fait sa fortune !

---

3. Ils ne te louent pas.

Demain sera demain plutôt qu'un autre avant,
Scande l'écologiste aux airs de paravent,
Lui qui s'empiffre et boit se plaint avec sa thune

Pour ces plus démunis qui meurent… Qu'a-t-il
fait
À ceux qu'il voit souffrir à côté de sa porte ?
Ce fier soldat des cœurs préfère, en quelque
sorte,
Ses chats à ce clochard qui salit son effet,

Son bouledogue horrible à ce pauvre compère…
Pion dont l'on abuse avec un air requin,
Ce militant du vide admire le faquin
Qui fait tout à sa place et trime sous la terre.

Fier de lui, ce poltron prétendra renverser
Les riches et l'argent avec sa comédie,
Mais les moyens qu'il prend et ce qu'il étudie
Font de lui le crétin qu'on moque sans cesse.

Clercs d'un monde sans Dieu qui ne fait que
produire,
Les riches et les verts préfèrent à ce Christ
L'argent sale des doigts des mineurs et des cris,
Éplorés, de ces gens qui ne peuvent point rire.

FSC
www.fsc.org

MIXTE

Papier issu
de sources
responsables
Paper from
responsible sources

FSC® C105338